Also by **Ivy Press Princeton**

Forbidden Sea
Scars
by Blaga Dimitrova

Cry of a Former Dog
Capriccio for Goya
by Konstantin Pavlov

Frost Flowers
by Alexander Shurbanov

Memory of a Dream
by Danila Stoianova

Secret Senses
by Edvin Sugarev

Kaleidoscope
by Edvin Sugarev

Indra's Web

BULGARIAN POETRY IN TRANSLATION, VOL. 10
EDITED BY LOIS MARIE HARROD

Indra's Web

Poems by
Edvin Sugarev

Translated from the Bulgarian
by Ludmilla Popova-Wightman

IVY PRESS PRINCETON
16 Balsam Lane,
Princeton, NJ 08540

Tel.: (609) 933-7779
http://ivypressprinceton.com

ISBN 978-1-930214-10-1

***

да започнем от най-примитивното
от безмисленото
от непредвидимото

няколко думи събрани
тъй случайно и хаотично
както децата събират
пъстри камъчета в своите шепи

***

let us begin with the most primitive
senseless
unexpected

a few words collected
as casually and aimlessly
as children collect
colorful stones in their palms

***

това
което отразява
ще бъде на свой ред отразено
и отражението на отразеното
ще отразява
на свой ред

защото едно е
едно е
и гледащото
и видяното

и защото и двете
и двете
се срещат в окото на Бога

***

the thing
that reflects
will be reflected too
and the reflection of the reflected
will also
reflect

because the looking
and the seen
are one
one

and because the two
the two
meet in God's eye

***

гъсти треви и
дива ягодка скрита в тревите
и капка роса върху ягодката
и в капката
аз

***

thick grasses and
a wild strawberry hidden in the grasses
and a drop of dew on the strawberry
and in the dew drop
I

***

и аз съм виждал
мрежата на Индра
триизмерна паяжина с капчици роса

по нашите места
като фуния ги заплитат
и всяка капчица се отразява
в друга капчица

и всяка капчица
е отразила цялото
включително
на паяка окото

скрит в дъното
помежду капките роса

***

I have seen
Indra's web too
the three-dimensional web with dew drops

in our neighborhood
it is woven like a funnel
and every drop is reflected
in another drop

and every drop
reflects the whole
as well as
the spider's eye

hidden at the bottom
among the dew drops

***

викам в себе си
над бездна надвесен

викам детето

скритото

със сина ми
да поиграе

***

leaning over a ravine
I call myself

I call the hidden

child

to play
with my son

***

ситото
с което мама пресяваше брашно
днес пресява лъчите под сенника

ще си замеся питка
от пресята светлина
когато дойде време за оттатък

***

a sieve
with which my mother sifted flour
today sifts rays under an awning

I will knead a pita
with sifted light
when the time beyond comes

***

тук всичко е наред
вълните си бърборят
за приключението на възникването
и тайнството на чезненето
една на друга препредават Смисъла
и той полепва
в крехка пяница по пясъчния бряг
долавям го с петите си ала очите ми
заети са със други
по-съществени неща

***

here everything is fine
waves chat
about the adventure of emerging
and the mystery of vanishing
they transfer the Meaning to each other
and the fragile foam
clings to the sandy shore
I feel it with my heels though my eyes
are busy with different
more essential things

***

все отлагах важните неща за вдруги ден
защото утре ми се виждаше прекрасно време за
живеене
а днес

ама защо ме питате какво съм правил днес
та кой би дръзнал да описва вечността

***

I was always postponing the important things for
another day
because tomorrow seemed a wonderful time for
living
and today

but why do you ask me what I was doing today
who would dare describe eternity

***
ако сънуваш че сънуваш
кой си

и дали
сънят ти не сънува сън сънуван
от някой друг
напълно убеден
че този сън животът е а пък насън
краде от друг живот събития и сцени

тогава
кой кого сънува
кой живее и кой спи
и преходът от сън към будност
той какво е

може би сънят сънува че е само
сегмент самотен от фасетните очи
които будни са и пренапрегнато се взират
в извечната
неосъзнато наша будност
преливаща от смърт в живот и пак във смърт
додето мисълта се гърчи и подскача
от сън към сън към сън и пак към сън

***

if you dream that you dream
who you are

and if
your dream dreams a dream seen
by someone else
who is convinced
that this dream is life
and while he dreams his dream
is stealing events and scenes from another life

then
who dreams of whom
who lives and who sleeps
and the transition from sleep to wakefulness
is perhaps

what the dream dreams which is only
a lonely segment of the many-faceted eyes
awake and staring arduously
at our eternal
subconscious wakefulness
flowing from death into life and into death again
while thought writhes and jumps
from dream to dream to dream and
to a dream again

***

розите цъфтят и над сметта
лотосът листенца в тинята разтваря

трябва ли да чакаш
да ти донесат
дните аромат на сбъдване
на ставане

***

roses bloom and on top of the garbage
lotus opens its small leaves in the slime

do you have to wait for the days
that bring you
the aroma of becoming real
of happening

***

ти си също част от мрежата на Индра

съдържаш всичкото
и се съдържаш в него
и отразяваш отразен
и препредаваш светлината

от която
сам се състоиш

***

you also are a part of Indra's web

you contain everything
and are contained in it
and reflected
reflect and relay the light

of which
you too consist

***

тази чапла
тъй елегантно застинала
на гърба на ленив крокодил

дали и ти
тъй ще се задържиш
върху набръчкания гръб на преживяното

***

this heron
so elegantly motionless
on the back of a lazy crocodile

I wonder if you too
could stand without falling
on the wrinkled back of your experience

***

спори резънчето лимон в моята чаша чай
с отразената в нея луна

тук е моето място вкиселява се то
твоето място е в друга чаша

най-накрая се съгласяват да се разменят
и аз пия чай
с дъх на луна

***

a thin slice of lemon in my cup of tea
argues with the moon reflected in it

here is my place
your place is in a different cup

at the end they agree to exchange places
and I drink tea
with aroma of moon

***

с малки стъпки се изкачва вечерта
по склона на планината

докато върховете още светлеят
в долината е вече мрак

***

evening climbs the mountain slope
with short steps
the summits are still glimmering
though the valley is already dark

***

видях ги
жаби яйца в наводнени треви

сред мълчание
думите

първо имат топчести телца
и опашки
почти като риби

после им порасват и крачка

най-накрая скачат
в езерото

и само кръговете водни огласяват
смълчаните му брегове

***

I saw them
frog eggs in the flooded grasses

in silence
words

at first they hold little spherical bodies
and tails
almost like fish

then little legs grow

at last they jump
into the lake

and only the water circles
make its silent shores ring out

***

бог
е по-малък от Словото

крие се в него
като раче в черупка на охлюв

***

god
is smaller than the Word

he hides in it
like a little crab in a snail shell

***

тази книга е ръка
протегната към теб

тази книга е река
която те отнася

тази книга пък е само с бели страници
кога ще се научиш да четеш

***

this book is an arm
stretched towards you

this book is a river
that carries you away

this book has only white pages
when will you learn to read

***

по словото има следи от нокти
от зъби
от изпъкналите жили на ръцете
поискали да се задържат

всичко се е срутило в мълчанието
а то виси отгоре
скален надвес
или надгробен камък над напразните усилия

положен в нищото
без никаква опора

***

on the word
there are marks of nails and teeth
of bulging hand sinews
wanting to hold on

everything has collapsed in the silence
which hangs from above
a rock jutting out
or a gravestone over vain efforts

floating above nothing
without any support

***

преди да се разлисти цъфна ябълката
ала за цветовете думите не стигат
мога да ги вдъхвам
не да ги опиша

за останалото питайте пчелите

***

the apple tree bloomed before coming into leaf
words are not enough for the blossoms
I can smell them
but not describe them

for the rest ask the bees

***

чрез вещественото празното говори

нещо е
когато в нищо го положиш

тъй е и с живота ти
и с думите

затова се вслушвай в немотата

***

emptiness speaks through substance

it is something
when you place it into nothing

so it is with your life
and words

therefore listen to stillness with attention

***

сигурно морето си повтаря
една и съща дума
една и съща дума
с плисъка на своите вълни

дума отвъд думите
вечност отвъд вечността
аз пък цял живот не се наситих да гадая

***

surely the sea repeats
one and the same word
one and the same word
with each splash of its waves

word beyond words
eternity beyond eternity
but my whole life
I haven't had enough divining it

***

високо
високо се вдигна хвърчилото
дъга огромна описал е вече конецът

искаш да го върнем
ала вятърът не дава

той както винаги отмъква онова
което е отлитнало от нас

***

high
a kite soared high
its thread describing a huge ark

you want us to return it
but the wind doesn't permit

as always it carries off
the thing flown away

***

додето огънят примигва и припламва
дървото се осмисля в пепелта

***

while the fire flickers and flares up
the wood figures itself out in ashes

***

гледам пролетта
през своя прозорец

и знам
че тя също ме гледа
с милионите си мимолетни
трепкащи очи

***

I look at spring
through my window

and know
that it also looks at me
with its millions ephemeral
quivering eyes

***

това е моят свят
не другаде
а тук е
където цялото небе насреща се възправя
и водни кончета се любят
полегнали на вятъра

вървя натам с ранени стъпала
пристъпвайки върху черупките от дните си
през дивите плата на пропиляното
ала ще стигна
знам
ще се завърна пак

***

this is my world
not somewhere else
but here
where in front of me the whole sky stands on end
and lying on the wind
dragonflies make love

I am heading that way on wounded feet
stepping on the shells of my days
over the wasted wild plateaus
but I will arrive
I know
I will return

***

прозрачна си
но те извайвам както си
прозрачна
недоловима като лъх
присъстваща неумолимо
обемаща живота ми
отвсякъде

и сътворих не изваяние
простор
положен в неговия хлад
почивам

***

you are transparent
but I sculpt you the way you are
transparent
imperceptible as a breath
inexorably present
enfolding my life

and I have created not a carving
but a clearing
where set in its cool
I rest

***

при все че твоят път не следва моя път
аз знам
че няма как да се разминем

защото пътищата са юзди в една ръка
и винаги една посока следват

***

because your way doesn't follow my way
I know
that we won't pass each other

for ways are bridles in one hand
and always follow one direction

***

години вече калафатя лодката
която няма да отплува

нищо
може би пък някой ден
мачтата ще се разлисти

***

it is years since I began to caulk the boat
which won't sail

nothing yet
perhaps one day
the mast will put forth leaves

***

глухарчета в тревата канят вятъра
а той пристига с алена наметка на палач
обезглавява ги
и безразлично отминава

***

dandelions in the grass invite the wind
it arrives in a hangman's scarlet mantle
decapitates them
and indifferent passes by

***

и тази пролет дивите смокини
доверяват ти предчувствия за лятото
божурите цъфтят
в полето пламнали са макове
и над морето бавно плъзва изгревът

благословен обхождаш своя бряг благословен
благословен е твоят дъх раздвижил мрежата на
паячето
благословени твоите пети върху приятелите
камъни
благословена е студената вълна дошла да те
посрещне

тъй както майка среща блудния си син

***

and this spring the wild fig trees
confide in you their intuitions of summer
peonies bloom
poppies blaze in the field
and the sunrise slowly crawls over the sea

blessed
you go around your blessed shore
blessed is your breath that moved a small spider's
web
blessed are your heels on the friendly stones
blessed is the cold wave that came to meet you

the way a mother meets her prodigal son

***

тамян е окосената трева
а пък косачът
свещенослужител

под купола на неговия храм
една безкрайна литургия
тишината

***

the mowed grass is incense
and the mower
a clergyman

under his temple's dome
the endless service
silence

***

морето е ласкав звяр
и в нозете ни се отърква
ала понякога разтваря бяла паст
и чуваме какво си шепнат мидите
и виждаме как слънцето медуза е
плуваща в далечните
недосегаеми води
и вените ни се преплитат с водораслите
и камъни туптят
като сърца

***

the sea is a caressing beast
and rubs against our legs
sometimes it opens a white maw
and we hear mussels murmur
and see the sun a jelly fish
swimming in distant
ethereal waters
and our veins twine with weeds
and stones beat
like hearts

***

тънки облаци

като зебра
нашарено е селцето
от сенки и светлини

***

thin clouds

a small village is lined
by shadows and lights
like a zebra

***

смъртта е вишна
цъфнала е в бяло

ела под бялата й сянка
отдъхни

***

death is a sour cherry
blooming white

come under its white shade
rest

***

припомняйки си
несъзнателно размесваме
това което е било
с непреживяното

и с тази смес
залепяме парчетата
от делвата
разбита още в детството

***

remembering
unconsciously
we mix events that happened
with those not experienced

and with that mixture
we glue the pieces
of the pottery jar
broken in childhood

***

запусната къща

конска подкова
в халките на портата
вместо катинар

***

an abandoned house

a horseshoe
trough the rings on the front doors
instead of a lock

***

мулета със съчки натоварени
спускат се по стръмното дърварите

и прибират ги в коравите си шепи
каменните стрехи на селцето

после тънък дим възлита от комините
като спомен за отминали години

а звездите горе се кокорят
и си спомнят за вселени
не за хора

***

mules loaded with kindle
woodcutters descend the steep slope

and the stone eaves of the small village
gather them in their hard palms

then a thin smoke rises from the chimneys
as a memory of past years

and the stars up there
with wide open eyes
remember universes
not people

***

върхът не те дарява
единствено с постигане

учи те да слизаш
надолу от живота

***

a summit doesn't give you
only achievement

it teaches you descend
from life

***

и грохнали приседнахме в Прохода на лъвовете

с дванадесет дни път зад нас
сияеха Хималаите
очакваше ни вече само слизането
слизането завинаги

свалих шапката си
вкоравена от пот
хвърлих поглед назад
към суровия ледник
поздравих белия облак
полегнал под близкия връх
сбогувах се със себе си
и тръгнах надолу

***

exhausted we sat down in the Canyon of Lions

after twelve days of walking
the Himalayas shone behind us
only descending waited
forever descending

I took off my sweat-hardened hat
looked back
towards the harsh glacier
and greeted a white cloud
lying under the near peak
said goodbye to myself
and started to walk down

***

облаче
тъй леко и прозирно
минавайки
не хвърля даже сянка

ще се разсее то
ще се стопи сред синевата
тъй както между впрочем
и животът

***

a small cloud
so light, diaphanous
passing
it doesn't even throw a shadow

it will disperse
melt into
the blue
as by the way does life

***

да гадаеш на лист от акация
да не да не да не

а пчелите
над теб да прелитат
и на техния таен език

да ти казват
че всичко едно е
и че няма ни да
нито не

***

pluck leaves from an acacia
yes no yes no yes no

and let bees
flying over you
tell you

in their secret language
that everything is one and the same
and there is neither *yes* nor *no*

***

понякога убива
светлината

и затова навярно склад е паметта
където късчетата минало полагаме
между къдели мрак

какво ли би било
да можеше да видим всичко едновременно
с неравните му очертания
сгрешените посоки и
назъбените от пропуснатото ръбове

казват че смъртта е
бяла светлина

навярно е така
с това убива
живота си открай-докрай да видиш
целия
без междините на удобната забрава

***

sometimes light
kills

perhaps that is why memory is a warehouse
where we deposit snippets of the past
among skeins of darkness

what would be
what would be
if we could see everything simultaneously
with its uneven contours
the mistaken directions and
jagged edges made by blunders

they say death
is white light

perhaps it is true
it kills you to see
your life from end to end
your whole life
without the empty spaces of comfortable
forgetfulness

***

под топлото слънце
окаменявам

камък съм
на невидим бряг
полазват ме
малки гущерчета
поспират на припек
върху лицето ми

слънце
как да повярвам в различията
помежду живото и мъртвото
какво с какво се различава
и защо

не съществуват те
еднакво живо всичко е
еднакво свято

здравейте братя камъни

***

in the warm sun
I turn into stone

I am a stone
on an invisible shore
small lizards
crawl over me
they stop on my face
to warm themselves
in the sun

sun
how am I to believe in the distinctions
between the living and the dead
what separates them
and why

they don't exist
everything is equally alive
equally sacred

greetings brothers stones

***

част си от играта божа
сам
си маската
която господ-бог надява
и с оня там до теб е същото
но друга
е неговата роля и съвсем различна
е тя за онзи третия отсреща
играем всички в драмата безкрайна
чрез всички нас играе бог
играе всички нас
в безкрайни паралелни въплъщения

но бог е всеотдаен
талантлив актьор

във всяка роля себе си забравя

***

you are a part of god's play
you yourself are
the mask
which lord-god puts on
and the same is true for the one next to you
though his role is different
and likewise for the third over
we all play in the endless drama
god plays through all of us
plays all of us
in endless parallel incarnations

but god is a dedicated
talented actor

he forgets himself in every role

***

понякога дните се схлупват
и зеят прозорците им
като очи на мъртвец

и не можеш да правиш нищо
чувстваш се камък в пресъхнало речно корито
докато нехайно нейде другаде
шава животът

***

sometimes days close
and their windows stare
like a dead man's eyes

and you cannot do a thing
you feel like a stone in a dry riverbed
while somewhere else
life carelessly gads about

***

спица си
в колелото
което все тъй се върти

и понякога си
отгоре
а понякога си в прахта

***

you are a spoke
in a wheel
that always rotates

and sometimes you are
on top
and sometimes in the dust

***

къде ли всъщност отиват
приятелите-предатели

каква сила движи техния керван
каква вода пои техните камили
та с такава самоувереност навлизат
все по-дълбоко
в безнадеждните пустини

***

where actually
do friends-traitors go

what force drives their caravan
what water do their camels drink
so that with such self-assurance they enter
more and more deeply
into hopeless deserts

***

възлязох на предела
господи
но теб те няма тук

сигурно съм те пропуснал
някъде по пътя

***

I reached the ridge
god
but you are not here

I must have missed you
on the way

***

бие още сърцето
чувам го

сякаш някакъв странник почуква
на заключената врата

***

a heart still beats
I hear it

as if a stranger is knocking
on a locked door

***

очите ни
зърна от броеницата ти
боже
нанизани върху връвта на слепотата

премяташ ги
и нещо си мърмориш

така се отброява вечността

***

our eyes
are your rosary beads
god
threaded on a blind cord

you slide them
and murmur something

that is how eternity is counted

***

неми оправдания
безчислено отлагане
прошумоля животът в сухите листа
в ръцете ми остана куха змийска кожа

***

mute apologies
countless postponements
life rustled in dry leaves
in my hands remained a hollow snakeskin

***

затварям една след друга книгите
които няма вече да прочета

затварям ги като ковчези
нареждам ги като скъпи покойници
в пантеона на забравата

надявам се
като дойде смъртта
да затвори живота ми
като корица на книга

***

I close the books
which I won't read anymore
one after the other

I close them as coffins
I arrange them as dear dead
in the pantheon of oblivion

I hope
that when death comes
he closes my life
as a cover closes a book

***

няма повече да си говорим
за душата

няма как да обговорим
необятното

няма как да заловим
мига

няма как да си припомним и безмилостния път
като шев сновящ
безкрайно скрепящ
кръпката на тук
към ризата оттатък

***

we won't talk about the soul
anymore

there is no way to contain the boundless
with speech

there is no way to catch
the instant

there is no way to recollect the merciless road
either
plying the seam
endlessly attaching
a patch from here
to the shirt beyond

***

но няма как да продължава дълго този миг
когато думите са скалпели
и срязват епидермиса

и виждаш вените и лимфните потоци на нещата
и вече знаеш
че кръвта е светлина

***

there is no way to prolong this moment
when words are scalpels
that cut the epidermis

and you can see the veins, the lymph streams of
things
and know immediately
that blood is light

***

сигурно
било е сън

може би
било е памет

гола по крайбрежните вълни
ти премина
а пък аз бях пясък

***

surely
it was a dream

perhaps
it was a memory

naked
you passed through the surf
and I was sand

***

местата
на които няма да се върна
са малки хищници
отнесли част от мен

все по-малък ставам
от многото скитане
все по-разнищен
и скоро съвсем ще изчезна

и скоро съвсем ще се слея
и ще бъда
навсякъде

***

the places
I won't return to
are small predators
that have carried away a part of me

from too much wandering
I have become smaller
more threadbare
and I will soon disappear

and merge with the universe
where I will be
everywhere

***

толкова крехък е
страхът от смъртта
толкова уязвим

просто правиш крачката
крайната крачка
и вече го няма
няма го

***

the fear of death
is so fragile
so vulnerable

you simply take a step
a last step
and it is already gone
it is gone

***

почуках на вратата си
и не намерих никого

всички вече си бяха отишли
и можех спокойно да се върна у дома
в своето собствено тяло
в своята собствена памет
в своята собствена обич
в своята собствена празнота

***

I knocked on the door
and didn't find anybody

all had left
and I could return home peacefully
to my own body
to my own memory
to my own love
to my own emptiness

***

плътта ще си отиде
както винаги

ще изтече през червеите
тези розови тунелчета
коренчета и води ще се стараят много
търпеливо
докато отново я превърнат в пръст

костта обаче ще остане
както винаги
да спори с времето
и да упорства
и да се съпротивлява на забравата

и щом смъртта поеме пак по своите пътеки
ще трябва много да внимава
много да внимава

защото много боли като се спънеш
в покълнала кост

***

flesh will disappear
as ever

it will flow through worms
those pink little tunnels
rootlets and water will strive patiently
to turn it into dirt again

the bone will nevertheless remain
to argue with time
to persist
and resist forgetfulness

and when death resumes walking on his trails
he must pay attention
plenty of attention
because it is very painful to stumble
on a sprouted bone

***

и никога недей предопределя

съдбата винаги подменя предопределеното
дори и с някакъв си мъничък детайл
и цялата ти визия се срутва
като кулата
от карти построена

***

and never plan ahead

fate always changes the preordained
even a little shift
and your whole conception collapses
like a tower
built with cards

***

късно е да се променям
късно
както и да променям света

неосъзнато минало
и невъзможно бъдеще
това е
със което разполагам

и затова прахосвам толкоз щедро този миг
лежа си на тревата
и нехая

***

it is late to change myself
late
as it is late to change the world

enigmatic past
and impossible future
that is
what I have

and this is why I waste this moment so lavishly
I lie on the grass
and don't care

***

сега
когато смислите горят
и паметта ни наследява
само пепел

аз ще залостя себе си
последната врата
която скритите пространства охранява

***

now
when meanings burn
and our memory inherits
only ashes

I will lock myself behind
the last door
which guards the hidden spaces

***

какво си казаха пространствата
когато се затвориха над теб
какви бяха техните
утешителни думи

няма чезнене
има само възникване
има само преливане на възникналото
да
това
май това си казаха пространствата

***

when the spaces over you closed
what did they say
what were their
consoling words

there is no vanishing
there is only emerging
there is only an expansion of the emerging
yes
that is
it seems that is what the spaces said

***

все по-тихо свирят щурците

септемврийската нощ търкаля
своята пълна луна

паяци са изопнали мрежи
на моята стара веранда
и най-усърдно ловят
спомените за лятото

***

crickets chirp more and more quietly

the September night rolls
its full moon

spiders have stretched their webs
on my old veranda
and diligently catch
memories of the summer

***

тази къща ще остане подир мен
ще тънат в прах в мазета и тавани любимите
предмети
петна вместо картини по стените ще висят
и само вдлъбнатото от петите на изтъркания
праг
ще припомня мойто съществуване

***

this house will remain after me
in the basement and attic my beloved things will
drown in dust
spots instead of paintings will hang on the walls
and only the dent on the worn-out threshold left by
my heels
will remind of my existence

***

прости ми
въздух
за проникването в гнилите ми дробове
прости ми за издишването с дъх на старост

на мъдростта пречистваща
на тънките треви и тъмните листа
аз доверявам своето оставяне
излишно

***

forgive me
air
for having to enter my rotten lungs
forgive me for exhaling the smell of old age

in the purifying wisdom
of narrow grass blades and dark leaves
I trust my leaving
unneeded

***

оставят толкова места
в които няма да отида вече никога

оставят толкова очи
в които няма да прогледна

пропуснатото е гробар
от раждането сипе пръст над нас

но също и надеждата която след смъртта
ще остави портата отворена

***

so many places remain
where I will never go

so many eyes remain
that I will never see

what I've missed is the gravedigger
who from birth on pours dirt over us

but also the hope that after death
he will leave the door open

***

няма как по корена цвета да разгадаеш
няма как по същността да предугадиш
ежедневните си жестове

но всъщност бог е къртица и обитава скритото
а видимото е завинаги
неведомо

***

there is no way to guess the flower by looking at
the root
there is no way to guess one's gestures by knowing
the heart

for god is a mole who inhabits the hidden
and the visible is forever
unknown

***

паметта е лабиринт
понякога
когато се насилим да си спомним
откриваме неща съвсем ненужни и откъслечни
усмивка плисък на вълна око на птица
и ласка или съкровена дума
ала чия е тя
не помним

понякога ни завладяват тъй
че вече няма връщане
и пътя си към днешното затлачваме сами
и тези скрити територии ни стават обиталище
което до смъртта си
обживяваме

***

memory is a labyrinth
sometimes
when we force ourselves to remember
we discover things quite unneeded and fragmented
a smile a wave's splash a bird's eye
a caress or a treasured word
but whose
we don't remember

sometimes they take over
so there is no return
and we clog our own way to the present
where those hidden domains become our shelter
which we inhabit
until we die

***

аз също съм никой
емили

доверявам на пчелата празнотата си
и съм напълно сигурен
че тя ще долети
до тайната лъка
която обитаваш

и сигурно ще забележиш
че сме двама

***

I too am no one
Emily

I confide my emptiness to a bee
and I am quite sure
she will fly
to the secret meadow
you inhabit

and you surely will notice
that there are two of us

***

от раждането мислиш
че възрастваш
а ставаш все по-малък
все по-нищ

и хоризонтът става
все по-кратък
и усетите
по-окастрени от опита

съзнанието
по-сковано в схеми
наложени или приети доброволно
а паметта все по-объркана
по-немощна
и бродеща из тъмни лабиринти

нараства само твоето лице
от маските над него напластени
подобно луковицата брадясал лук
докато сърцевината му загнива

***

you think you grow
from birth
but you become smaller
and more miserable

and your horizon
becomes shorter
and your senses
trimmed by experience

your conscience
more frozen in schemes
imposed on you or freely accepted
and your memory more and more confused
more powerless
wandering in dark labyrinths

only your face grows
with the masks layered on it
as a beard on an old onion
while its core rots

нарастват само словесата утаени
над назоваваните и премисляни неща
тъй както тинята на блатото полепва
върху подритите крайбрежни коренища

нараства само тази смърт която носиш
подобно скитнишка торба по своя път
за да насипваш в нея разтрошените отломки
от миналото
за което вярваш
че е единствено осмислящата същност
а всъщност е товарът който смазва
и свежда твоя скелет към пръстта

only words grow
words settled
on spelled out or things considered
the way a swamp's slime sticks
to the tree roots as the shore erodes

only this death grows
death you carry on your way as a wanderer's sack
in which you keep the broken pieces
of the past
you believe to be
your unique essence
but actually is the load that bends
and crushes your skeleton down to the ground

***

да нямаш е богатство
и също
да те няма

да бъдеш част от цялото а не
от някакъв си остър аз
прободен
тъй както се забожда с топлийка пеперудата

***

not to have is wealth
and also
not to exist

to be part of the whole and not
of some sharp I
pierced
the way a butterfly is pierced by a pin

***

има спомени с вкус на стара лула
носталгично-горчиви и предразполагащи
да провидиш в дима й прозирен воал
над самото лице на забравата

и когато изтърсиш след туй пепелта
да прозреш същността на всичко отминало
тъй еднакво тъй леко без вкус и без цвят
сякаш плът на самата застиналост

***

there are memories with the taste of old pipe
bitterly nostalgic and predisposing you
to see in its smoke a diaphanous veil
over the very face of forgetfulness

and after you have shaken the ashes
to grasp the essence of everything that has passed
always the same light without taste and color
as if it's the flesh of permanence itself

***

сбирах досега оттук-оттам
гледки усети прозрения и ласки

и се превърнах в нещо като склад
за непотребни стари вещи

време е да се извикат вехтошарите

и време е да се подготви къщата
за новия си наемател

***

so far I gathered from here and there
views of nature's feelings insights and caresses

and turned them into something like a warehouse
of unneeded old things

it is time to call the junk dealer

and time to prepare the house
for its new renter

***

кукувицо
ти ми завеща
толкова вероятни животи

спрях да броя
и вече очаквам
само тишината между твоите песни

***

cuckoo
you bequeathed to me
so many probable lives

I stopped counting
and I am waiting only
for the silence between your songs

***

щастието е
в неочакваното

предвидимото носи печал

то е сякаш че стържеш плакати
от облепяна хиляди пъти стена

***

happiness lies
in the unexpected

the foreseen brings sorrow

it is as if scraping off posters
plastered on a wall thousands of times

***

какво ли става с небето отразено
в капката роса
провиснала
полюшвана
на върха на крехката тревичка
когато дойде време за отронване

***

what happens to the sky reflected
in a dew drop
hanging
swinging
on the end of a fragile grass blade
when the time comes to drop

***

пашкулът е опустял
скоро вятърът ще го издуха

няма нужда от дом
пеперудата

***

the cocoon is deserted
soon the wind will blow it away

the butterfly
doesn't need a home

***

време е да затворя портите
на тъжното си безсъние

време е да се влея
в голямата бавна река
която влече и приспива
която ни носи с нежност
към все по-близкия
тътен

***

it is time to close the gates
to my sad insomnia

it is time to flow
into the big slow river
that pulls and lulls us to sleep
carries us with tenderness
towards the approaching
roar

***

тази светла тъга

някой сгъва небето
като стара оръфана карта
и пред теб празнота е
съвсем непосилна

сам си ставаш небе
сам си ставаш звезди
и в процеса на ставане
сам се забравяш

***

this luminous sadness

someone folds the sky
like an old frayed map
and before you lies
unbearable emptiness

you yourself become sky
you become stars
and in the process of becoming
you forget yourself

***

поемаш дъх
поемаш себе си
вселената е тук

отдаваш дъх
отдаваш себе си
вселената е тук

тъй дишането те сродява
по малко със смъртта

***

you inhale
you draw yourself in
the universe is here

you exhale
you let yourself out
the universe is here

each breath is like
a little death

***

границата между съня и смъртта
където според елиът
сянката пада

аз пристъпих
озовах се на ничия земя
неосветена но и
неотъмнена също

земята без предел без хоризонт
без никаква определеност за опора
в която няма връщане
и няма край
начало също

и даже сянката разделяща
я няма

***

between sleep and death
falls the shadow
according to Eliot

I took a step
found myself in no man's land
unlit but
not dark

the earth without boundary without horizon
without any defined support
where there is no return
there is no end
no beginning

even the dividing shadow
is not there

***

дъжд над Тирупати
дълъг дъжд

сияят локвите
и каменните статуи
а под гопурата на сушина приседнал просяк
някакъв
смъква от главата си протрития си шал

внезапно виждам своето лице
това което бил съм
съм
ще бъда
се съюзява в този просяк слива се
под надвесените гневни богове

***

rain over Tirupati
a long rain

puddles shine
as do stone statues

and under the gopura where it is dry
sits a beggar
who pulls down a worn scarf from his head

suddenly I see my face
the man I was
I am
will be
merge in this beggar
under the jutting angry gods

***

отново същата пътека криволичеща
между скалите папратите дивите смокини

отново онзи дъх на водорасли и на пяна
за който
казват
ненаситно мамел
нанякъде далече да отплуваш

но аз те нося като гривна на ръката си
море
и няма вече накъде да се отправям

***

again the same twisting trail
between rocks ferns wild fig trees

again that aroma of seaweed and foam
that
they say
insistently tempts you
to swim towards distant lands

but I wear you as a bracelet on my wrist
sea
and there is no land to head for

***

не съществува мрежата
в която да ме хванете

вече съм вода
протичам и обтичам
винаги по-нисък от тревата
сроден със въздуха способен да достигна
небето като паяче
по лъч от светлина

***

the net to catch me
does not exist

I am already water
I ooze and flow
below the grass
through the air
capable of reaching the sky
a small spider
on a ray of light

***

часовете си тръгват един подир друг
като стари приятели

сърдечно се сбогуват обещават
че ще се видим пак ала защо ли
не влагат в тона си особена надежда

сякаш че това е древен ритуал
чийто смисъл е забравен вече
ала приличието задължава
да бъде спазван все така усърдно

***

hours leave one after the other
as old friends

they say goodbye cordially promise
we shall see each other again
but why is there no hope in their voices

it seems an ancient ritual
with the meaning already forgotten
though propriety obliges
to always keep it diligently

***

можеш най-спокойно да забравиш за
пристигането
ако си пътувал твърде дълго

можеш най-спокойно да забравиш за смъртта
ако си разбрал какво е да живееш

***

you can calmly forget about your arrival
if you have travelled a very long time

you can calmly forget death
if you have understood what it is to live

***

но словото е също тежък път
от пропасти и сипеи насечен
как кървяха ръцете ми
как сечеше студът
моят дъх изтощен и пресекващ

как пилеех живота си в пусти плата
в нажежени до бяло пустини
как след дни без подслон
без храна и вода
се домогвах до някакъв мъничък извор

и какво че се връщам с празни ръце
че от мен не остана дори бегъл белег
аз живях и животът ми
бе съхранен
от дълбок хоризонт
от пространства огромни

***

but the word is also a difficult road
split by screes and ravines
how my hands bled
how the cold cut
my breath exhausted and breaking

how I wasted my life on empty plateaus
and white hot deserts
how after days without shelter
without food and water
I reached some small spring

and what if I returned with empty hands
and didn't leave even a passing sign
I lived and my life
was preserved
in the deep horizon
in the enormous spaces

***

забравих вече пътя
по който дойдох
но упорито продължавам
продължавам

докато забравя всички пътища
докато сам се превърна
в път

***

I forgot the way
I came
but I continue stubbornly
I continue

until I forget all ways
until I turn into
way myself

***

това е краят
да
приятелю джим морисън
краят на думите
краят на смисъла
краят на от теб до мен
краят на пространствата и времената
оголеният
абсолютния край
змията дълга седем мили
и богът
който разговаряше със знаци
с други някакви подобни
мили старчета

***

this is the end
yes
my friend Jim Morrison
the end of words
the end of sense
the end between you and me
the end of spaces and times
the naked
absolute end
of the snake who is seven miles long
and the god
who spoke with signs
to some other dear little old men
like us

***

слънцето залязва само в нас

небето мрак от светлина
не различава

***

the sun sets only in us

the sky doesn't distinguish
darkness from light

***

измамен си
дом

у дома
само смъртта ни отвежда

само смъртта ни отваря вратата
и само смъртта
ще застели нашите легла

***

you are betrayed
home

only death leads us
home

only death opens the door
and only death
will make our beds

***

няма как
да останем тук

няма как
да оставим белег

затова да последваме птиците прелетни
към нашия юг
смъртта

***

there is no way
to remain here

there is no way
to leave a mark

so let us follow the migrating birds
towards the South
our death

***

аз превърнах тялото си в слово
и нека погребалните агенти ми простят
не остана ни прашинка за погребване

и нека не тъжат
опечалените
не съществува смърт за този
който е изрекъл себе си докрай
и миг по миг
е срастнал с немотата

***

I turned my body into word
and let the funeral parlor absolve me
not a speck of dust remains to be buried

and the bereaved
should not grieve
death doesn't exist for the one
who has expressed himself to the last
and moment by moment
meld with muteness

***

на вятъра дарявам своя дъх и прах
и нека моите следи докрай засипе

което ще е лесно
тъй като дотук
винаги и неизменно следвах вятъра

***

I donate my breath and my dust to the wind
and let it cover my last traces

which will be easy
as up to now
I have always faithfully followed the wind